BEI GRIN MACHT SICH
WISSEN BEZAHLT

- Wir veröffentlichen Ihre Hausarbeit,
  Bachelor- und Masterarbeit

- Ihr eigenes eBook und Buch -
  weltweit in allen wichtigen Shops

- Verdienen Sie an jedem Verkauf

Jetzt bei www.GRIN.com hochladen
und kostenlos publizieren

Bibliografische Information der Deutschen Nationalbibliothek:

Die Deutsche Bibliothek verzeichnet diese Publikation in der Deutschen National-
bibliografie; detaillierte bibliografische Daten sind im Internet über http://dnb.d-
nb.de/ abrufbar.

Impressum:

Copyright © 2015 GRIN Verlag, Open Publishing GmbH
Druck und Bindung: Books on Demand GmbH, Norderstedt Germany
ISBN: 978-3-668-16145-0

Dieses Buch bei GRIN:

http://www.grin.com/de/e-book/316358/redewendungen-in-der-7-klasse

Marina Grgic

Redewendungen in der 7. Klasse

Unterrichtsarrangement mit den "Sprachstarken"

GRIN Verlag

Modularbeit
Redewendungen

Modul 3
Planen und Beurteilen im Deutschunterricht
und
Deutsch als Zweitsprache

eingereicht an der
Pädagogischen Hochschule Bern

vorgelegt von
Marina Grgic

Datum des Einreichens
11. Januar 2016

Inhalt

1. Bedingungsanalyse nach Grunder (2012)

1.OS A Klasse

Pädagogisch-soziale Voraussetzungen
Klassenzusammensetzung

Die Klasse besteht aus 10 Mädchen und 10 Knaben. Acht Schüler und Schülerinnen stammen aus der Schweiz. Weitere 8 Kinder sind portugiesischer Herkunft. Die restlichen 4 Kinder stammen aus Frankreich, Deutschland, Malta und England und sind zweisprachig aufgewachsen.

Leistungsstand, Arbeitshaltung und Organisation der Klasse

Die 1. OS A Klasse ist eine sehr motivierte, aufgestellte Klasse. Vier Schüler und Schülerinnen besuchen die PSH (Pädagogische Schülerhilfe) im Fach Deutsch und genau so viele Kinder besuchen die PSH für das Fach Mathematik. Alle aus Portugal stammenden Kinder zeigen keine Mühe bei der mündlichen Kommunikation der deutschen Sprache. Die Schwierigkeiten treten bei diesen Schülern und Schülerinnen eher bei der schriftlichen Kommunikation auf. Zwei portugiesische Lernende schreiben sehr oft noch lautgetreu und haben Mühe die Rechtschreibregeln anzuwenden. Deswegen gibt es jede zweite Woche einen individualisiertes Rechtschreibtraining, bei welchem jede Schülerin bzw. jeder Schüler an seinen Schwächen in der Rechtschreibung trainieren kann. Die Klasse arbeitet sehr gut in Gruppen und in Partnerarbeiten und kann sich über eine längere Zeit konzentriert auf den Auftrag fokussieren. Kooperative Lernarrangements sind die Lernenden gewohnt.

Regeln, Rituale, Abmachungen

Es existieren Klassengesprächsregeln, bei welchen beispielsweise darauf hingewiesen wird, dass man alle Meinungen akzeptieren soll und zuerst überlegen und anschliessend sprechen soll. Die Kinder haben diese Regeln durch ihre Unterschrift akzeptiert. Ausserdem gibt es auch allgemeine Regeln für eine angenehme Zusammenarbeit zwischen den Schülern und Schülerinnen. Des Weiteren existiert ein Belohnungs- und Bestrafungssystem. Bei diesem wird ein gelbes Heft von jedem Schüler und jeder Schülerin geführt, in welchem sie positive wie negative Einträge hinschreiben. Bei fünf positiven Einträgen gibt es einen Hausaufgabengutschein. Hingegen gibt es bei fünf negativen Einträgen eine Strafe. Zur Auswahl stehen fünf verschiedene Strafen wie zum Beispiel ein Kapitel aus einem Buch zu präsentieren.

Stofflich-methodische Voraussetzungen
Deutsch

Das Lehrmittel für den Deutschunterricht stellen die Sprachstarken 7 dar. Im Fach Deutsch haben die Lernenden bereits folgende Themen bis zu den Weihnachtsferien erarbeitet: Potpurri, Selbstständig lernen – Aufbau einer Sprachbuchseite, Cornelia Funke, RS: RS gestern und heute, Spaghetti um Mitternacht, Grammatk: Wörter sortieren, Schreibprojekt „Porträts schreiben", RS: Doppelkonsonantenregel, „Bittergetränk", RS: Wortstammregel, Pro und Kontra, „Wortschatz", Konjugationsformen des Verbs, Aktiv und Passiv. Nach den Winterferien beginnen wir mit dem Thema „Worte sind mehr als Worte". Diese Unterrichtssequenz dauert 12 Lektionen. Wie bereits erkennbar ist, sind die Themen und deren Reihenfolge nach dem Vorschlag der Sprachstarken für die Jahresplanung gegliedert und aufgebaut.

Des Weiteren verfügt jede Schülerin bzw. jeder Schüler über einen Duden, sowie ein Deutschheft. Im Deutschheft werden nicht nur Aufgaben vom Sprachbuch gelöst, sondern regelmässig Lerneinträge festgehalten, sowie Reflexionen angestellt. Die SuS verfügen des Weiteren auch über das Arbeitsheft der Sprachstarken. Die Lernenden haben bislang keine Klassenlektüre erarbeitet.

Räumliche Voraussetzungen
Klassenzimmer

Das Klassenzimmer ist mittelgross, beinhaltet aber alles, was man braucht. Es ist modern und freundlich ausgerichtet. Im Klassenzimmer befinden sich zehn Laptops. Des Weiteren besitzt das Zimmer über eine Intearktive Wandtafel. Ein Nebenzimmer steht (bei vorgängiger Reservierung) zur Verfügung. Die Schule verfügt über eine eigene Bibliothek und kann während der Schulzeit, ebenfalls bei vorgängiger Reservierung, besucht werden.

2. Sachanalyse nach Grunder (2012)

Redewendungen

Die Sprachstarken 7 bezeichnen Redewendungen folgendermassen: „Eine Redewendung ist eine feste Verbindung von mehreren Wörtern, die formelhaft gebraucht wird. Die einzelnen Wörter kann man in einer Redewendung nicht einfach verändern oder austauschen – ausser man will damit spielen. Sie haben eine wörtliche und eine übertragene Bedeutung" (Sprachbuch, Bertschi et al., 2013, S. 28).

Unter Redewendungen versteht man in Form und Bedeutung konventionalisierte sprachliche Wendungen, die im Gegensatz zu Sprichwörtern nicht aus vollständigen Sätzen bestehen. Redewendungen zeichnen sich dadurch aus, dass sie eine wörtliche und eine übertragene Bedeutung haben. Sie müssen daher im Wortschatzspeicher (auch sogenanntes mentales Lexikon) als Ganzes in ihrem konventionellen Wortlaut und mit der übertragenen Bedeutung memoriert sein, um verstanden zu werden. Spielereien (wie z.B.: „Sand auf den Spielplatz tragen") fördern den Blick auf mögliche Interpretationen von Redewendungen auf der Basis ihrer wörtlichen Bedeutung, sowie auf die Konstruktionsmechanismen von Redewendungen. Solche Erklärungsgeschichten unterstützen das Erlernen von Redewendungen (vgl. Lindauer und Senn 2015: 59).

Wortschatzkompetenz

Unter Wortschatzkompetenz meint man zum einen, über einen mehr oder weniger umfangreichen produktiven und rezeptiven Wortschatz zu verfügen. Der Wortschatz, bzw. das mentale Lexikon, enthält nicht nur Wörter, sondern auch ganze Wortgruppe (z.B. Redewendungen) oder ganze Sätze (z.B. Sprichwörter). DaZ- (Deutsch als Zweitsprache) Schüler und Schülerinnen sind ganz besonders gefördert (vgl. ebd.: 59/60). Wortschatzkompetenz meint auch die Fähigkeit, die Wortbedeutung eines unbekannten und nur ungenau verstandenen Wortes bzw. einer unverstandenen Wortgruppe aus dem Kontext bzw. aus den Wortteilen herauszufinden. Gewisse Redewendungen lassen von sich von ihrer wörtlichen Bedeutung leicht auf ihre übertragene Bedeutung schliessen („Wasser in den Rhein schütten"). Andere Bedeutungen lassen sich nicht so leicht erschliessen, und müssen allenfalls aus dem kommunikativen Kontext verstanden werden („Eulen nach Athen tragen"). Wortschatzkompetenz wird im bewussten Sprachhandeln aktiviert und auch reflektiert (vgl. ebd.: 60).

3. Didaktische Analyse nach Klafki (1969)

Fachbereich und Lehrplanbezug

Der Lerngegenstand „Worte sind mehr als Worte" im Lehrmittel „Die Sprachstarken 7".

Dieses Kapitel kann im klassenübergreifenden Unterricht eingesetzt werden, da es thematisch ausgerichtet ist und Aufgabenstellungen anbieten, die auf unterschiedlichen Anspruchsniveaus bearbeitet werden können.
Entsprechend wird der Wortschatz in den „Sprachstarken" als Bestandteil aller vier Kompetenzbereiche Lesen, Schreiben, Hören und Sprechen verstanden. Es ist dienlich, wenn einzelne Aspekte der Wortschatzkompetenz fokussiert und reflektiert werden. Einige zentrale Aspekte werden im Kapitel „Pro und kontra", sowie im Kapitel „Grammatik" behandelt. Im Band 8 wird auf weitere Aspekte eingegangen.

Bezug des Lehrplans 21 zum Fachbereich „Worte sind mehr als Worte":
S. 28/29 Damit hab ich nichts am Hut:
- Lesen
  - o Grundfertigkeiten: Über Grundfertigkeiten des Lesens verfügen; rezeptiven Wortschatz aktivieren, um Gelesenes schnell zu verstehen
  - o Verstehen von Sachtexten: Sachtexten wichtige Informationen entnehmen
- Sprache(n) im Fokus
  - o Sprache erforschen und Sprachen vergleichen
  - o Gebrauch und Wirkung von Sprache untersuchen
  - S. 30/31 Es wimmelt von Redewendungen:
- Lesen
  - o Grundfertigkeiten: Über Grundfertigkeiten des Lesens verfügen; rezeptiven Wortschatz aktivieren, um Gelesenes schnell zu verstehen
- Sprache(n) im Fokus
  - o Sprache erforschen und Sprachen vergleichen
  - o Gebrauch und Wirkung von Sprache untersuchen
  - S. 32/33 Redewendungen sammeln
- Lesen
  - o Grundfertigkeiten: Über Grundfertigkeiten des Lesens verfügen; rezeptiven Wortschatz aktivieren, um Gelesenes schnell zu verstehen
- Sprechen
  - o Sich im monologischen Situationen angemessen und verständlich ausdrücken
  - o Sprech-, Präsentations- und Gesprächsverhalten reflektieren
- Schreiben
  - o Vielfältige Textmuster kennen und dem Schreibziel entsprechend nutzen bezüglich Struktur, Inhalt, Sprache und Form für eigene Textproduktion
  - o Repertoire an angemessenen Vorgehensweisen zum Ideenfinden und Planen aufbauen und im Schreibprozess zielführend einsetzen
  - o Eigene Ideen und Gedanken in sinnvolle und verständliche Abfolge bringen
- Sprache(n) im Fokus
  - o Sprache erforschen und Sprachen vergleichen
  - o Gebrauch und Wirkung von Sprache untersuchen
  - S. 34/35 Redewendungen und ihre Geschichte

- Lesen
  - o Grundfertigkeiten: Über Grundfertigkeiten des Lesens verfügen; rezeptiven Wortschatz aktivieren, um Gelesenes schnell zu verstehen
- Sprechen
  - o Sich aktiv an einem Dialog beteiligen
- Schreiben
  - o Repertoire an angemessenen Vorgehensweisen zum Ideenfinden und Planen aufbauen und im Schreibprozess zielführend einsetzen
  - o Eigene Ideen und Gedanken in sinnvolle und verständliche Abfolge bringen
  - o Im Schreibfluss kommen und Formulierungen auf Schreibziel ausrichten
- Sprache(n) im Fokus
  - o Sprache erforschen und Sprachen vergleichen
  - o Gebrauch und Wirkung von Sprache untersuchen

Gegenwartsbedeutung

Im Alltag stoßen die Schüler und Schülerinnen häufig auf Redewendungen. Bis anhin haben sie sich aber durch die Arbeit im Lehrmittel „Die Sprachstarken" noch nicht explizit mit der Thematik auseinandergesetzt. Es ist wichtig für die Schüler und Schülerinnen, über die Bedeutung und Verwendung von Redewendungen nachzudenken, da dies den Lernenden den (sprachlichen) Horizont bzw. den Wortschatz erweitert und zum Text- bzw. Sprachverständnis beiträgt. Redewendungen werden sowohl in Alltagssituationen wie auch in literarischen Texten verwendet. Wer deren Bedeutung nicht einordnen kann, kann möglicherweise eine Aussage auch nicht korrekt verstehen.

Vermutete Zukunftsbedeutung

Bei der Erarbeitung von Lektüre und Literatur werden die Schüler und Schülerinnen immer häufiger auf Redewendungen stossen. Deshalb ist es wichtig, dass man bereits in der 1. Oberstufe die Basiskenntnisse über die Redewendungen erschliesst. Dies ist bildet für die Lernenden ein Wissen, auf welches sie immer wieder in Zukunft zurückgreifen können. Die Lernenden sind schon in der Primarstufe mit Redewendungen konfrontiert und Redewendungen sind Bestandteil der alltäglichen Kommunikation.

Exemplarische Bedeutung

Zu den am häufigsten gebrauchten Redewendungen gehören einige dieser aufgeführten Redensarten. Diese haben die Lernenden sicherlich bereits angetroffen und eventuell in ihrer Jugendsprache auch angewendet. Bereits in der 4. Und 5. Klasse war ein Inhalt des Deutschunterrichts „Einfache Redewendungen kennen" (siehe Walliser Lehrplan 98, Seite 18 und 24). In der Oberstufe kommt das Thema „Redewendungen" im aktuellen Walliser Lehrplan 98 nicht vor.
Hier ist zu betonen, dass das Lehrmittel „Die Sprachstarken" keine klare Unterscheidung zwischen sprachlichen Wendungen und klassischen bzw. metaphorischen Redewendungen macht.

Situierung im Unterricht

- 12 Lektionen à 50 Minuten
- Die Unterrichtssequenz zum Thema „Redewendungen" erstreckt sich über drei bis vier Wochen. Dies würde bedeuten, dass zwei bis maximal drei Lektionen für das Thema

Redewendungen pro Woche durchgeführt werden. Es ist das fünfte Kapitel im „Die Sprachstarken 7".

Das didaktische Sechseck (nach Meyer, 2014)

- Zielstruktur:
  Am Ende der Unterrichtssequenz ist jeder Schüler bzw. jede Schülerin fähig,
  o über die Bedeutung und Verwendung von Redewendungen nachzudenken.
  o Zu einem Thema Redewendungen zu sammeln und sie auf einem Plakat zu präsentieren.

- Inhaltsstruktur :
  Eigene Redewendungen formulieren, den Wortschatz an (etablierten) Redewendungen auszubauen, gezielt thematisch zusammengehörende Redenwendungen sammeln, Sammlung auf einem Plakat darstellen, eine (erfundene) Erklärungsgeschichte zu einer Redewendung schreiben.
- Zeit- oder Prozessstruktur :
  Eine Lektion (50 Minuten) oder eine Doppellektion (100 Minuten) werden aufgeteilt nach:
  o Annäherung ans Thema (als Einstieg)
  o Aufbau des Wissens (als Erarbeitung)
  o Synthesenbildung und Zielkontrolle (als Sicherung)
- Methoden- oder Handlungsstruktur:
  Eine Methode die während der Unterrichtssequenz zum Zug kommt ist die Abfrage der Präkonzepte. Zu Beginn der Unterrichtssequenz sollen die SuS so viele Redewendungen wie möglich aufschreiben. Dieser Auftrag erlaubt es, auf das Vorwissen der Lernenden anzuknüpfen. Präkonzepte werden aktiviert, um darauf Wissen aufzubauen (Möller, 2010).
- Sozial- und Beziehungsstruktur :
  Während der Lektion kommen viele Sozialformen zum Zuge: Individuelles Arbeiten, Partnerarbeit, Gruppenarbeit, und Phasen, welche im Plenum durchgeführt werden. Unter anderem findet auch die Think-Pair-Share-Methode nach Bönsch (2012) statt: Zuerst werden sie angeregt einen Auftrag alleine zu lösen. Anschliessend geht es darum zu zweit, wie es der Aufgabenname schon sagt, zu vergleichen. Abschliessend werden die Erkenntnisse in der Gruppe besprochen, ergänzt und vor der Klasse präsentiert.
- Raumstruktur des Unterrichts :
  Die Lektionen finden im grossräumigen Klassenzimmer statt, da es alles beinhaltet, was es für die Unterrichtssequenz braucht. Für Gruppenarbeiten kann das Nebenzimmer benützt werden.

Formative und summative Evaluation

Formative Evaluation
In der 5. Lektion wird das AB 26 von der Lehrperson eingesammelt. Für dieses AB erstellt die Lehrperson eine formative Rückmeldung und notiert sich die Fortschritte bzw. Schwächen der SuS. In der Lektion 6 erhalten die SuS das AB 26 mit der formativen Beurteilung zurück.
Die zweite formative Beurteilung findet in der 9. Lektion statt. Bei dieser werden die SuS für ihr hergestelltes Plakat beurteilt. Nicht nur die Lehrperson gibt ihnen ein formatives Feedback, sondern auch eine andere Gruppe der Klasse.

Summative Evaluation

Die summative Evaluation würde Redewendungen beinhalten, welche auf ihre Bedeutung hin zugeordnet werden müssten. Auch könnte man Aufgaben hineinbringen, in welchen die SuS die Anfänge der Redewendungen ihren Enden zuordnen müssten. Als erweiterte Aufgabe kann man die SuS auffordern aufgrund von vorgegebenen Bedeutungen eine Redewendung zu bilden. Des Weiteren könnte ein Teil der Evaluation sein, die Redewendungen zu ergänzen mit beispielsweise einem fehlenden Verb oder Nomen. Diese Aufgabenstellungen entsprechen genau den Aufgaben bzw. Arbeitsblättern, welche die SuS während der Unterrichtssequenz bereits erarbeitet haben. Es ist sinnvoll die summative Evaluation am Schluss der Unterrichtssequenz zu machen, da es sich hier um eine bilanzierende Feststellung von Lernergebnissen handelt.

4. Grobplanung Redewendungen

SuS = Schüler und Schülerinnen, EI = Einstieg, ER = Erarbeitung, AU = Ausklang, EA = Einzelarbeit, PA = Partnerarbeit, GA = Gruppenarbeit, P = Plenum, SB = Sprachbuch, AHG = Arbeitsheft Grundansprüche, AHE = Arbeitsheft erweiterte Ansprüche, AB = Arbeitsblatt, HA = Hausaufgaben, WT = Wandtafel

Lektion und Thema/Inhalt	Ziel	Durchführung	Hausaufgaben
1 Damit hab ich nichts am Hut! Die SuS denken über die Bedeutung und Verwendung von Redewendungen nach.	• Sie wissen, dass Redewendungen eine wörtliche und eine übertragene Bedeutung haben. • Sie wissen, dass Redewendungen formelhaft gebraucht werden. • Sie erkennen die kulturelle Bedingtheit von Redewendungen.	**EI:** Sammeln von Redewendungen auf einem Ordnerblatt (EA) (Think-Phase). Austausch und Vergleich der gesammelten Redewendungen in PA. SuS ergänzen ihr Blatt (Pair-Phase). Austausch und Vergleich der gesammelten Redewendungen in GA. SuS erstellen ein Ordnerblatt mit allen gefundenen Redewendungen. Anschliessend Austausch im P (Share-Phase). LP gibt Ziel der Unterrichtssequenz bekannt. Einsammeln der Ordnerblätter mit den Redewendungen und Ablage in Redewendungen-Ordner (Klassenordner mit Sammlung von Redewendungen). **ER:** Erarbeitung der S. 28/29 im Sprachbuch im P (Nr. 1, 2, 3 und 4). **AU:** Sammeln von Redewendungen in den Sprachen der Klasse (Deutsch, maltesisch, französisch, englisch, portugiesisch) in GA. Austausch im P. Erklärung der HA.	• AHG S. 48 • AHE S. 45
2 Damit hab ich nichts am Hut! Die SuS denken über die Bedeutung und Verwendung von Redewendungen nach.	• Die SuS wissen, dass Redewendungen eine wörtliche und eine übertragene Bedeutung haben. • Die SuS erweitern ihren Wortschatz mit gebräuchlichen Redewendungen.	**EI:** Hausaufgaben Austausch in PA. Anschliessend Korrektur im P. (Lösungen auf CD) **ER:** Erklärung der S. 46 im AHE / S. 49 AHG. Erarbeitung in PA. Diskussion in GA. Fragenklärung im P. Erarbeitung des AB 27 in EA. Korrektur im P, Erklärungen zu den Lösungen werden durch die SuS gegeben.	• AB 22 für GA • AB 23/24 für EA

AU: Fragen klären, und HA erteilen.

Nr.	Ziele	Verlauf	Material
3 **Es wimmelt von Redewendungen!** Die SuS sammeln Redewendungen und achten auf die genaue Formulierung.	• Sie wissen, dass Redewendungen eine wörtliche und eine übertragene Bedeutung haben.	**EI:** Klasse wird in zwei Gruppen geteilt. Jeder SuS erhält eine Redewendung (auf Zettel von der LP vorbereitet) und muss es entweder durch Pantomime, Zeichnung oder mündliche Erklärung darstellen. Erratet die Gruppe die Redewendung, erhält sie einen Punkt. Die Gruppe mit den meisten Punkten gewinnt. **ER:** Selbstkontrolle der HA durch Aufhängen der Lösungen im Klassenzimmer. LP ist da um Fragen zu klären. Betrachten des Wimmelbildes (S. 30/31 im Sprachbuch), übertragen vom Beamer. Nachdenken, welche Redewendungen man kennt. Anschliessend Erarbeitung Nr. 1 S. 31 Sprachbuch (Differenzierung zur Hilfe nehmen von AB 25) in GA. Nr. 2 S. 31 Sprachbuch im P. **AU:** Erklären der HA und bereits damit beginnen.	• AHE S. 47 • AHG S. 50
4 **Es wimmelt von Redewendungen!** Die SuS sammeln Redewendungen und achten auf die genaue Formulierung. Die SuS legen sich eine Liste mit Redewendungen an.	• Die SuS erweitern ihren Wortschatz mit gebräuchlichen Redewendungen.	**EI:** Memory mit den Redewendungen und der übertragenen Bedeutung der HA (AHE S. 47, AHG S. 50) in GA. Vergleich mit HA-Lösungen in EA. **ER:** Erarbeiten der S. 51 im AHG bzw. der S. 48 im AHE. Vergleichen zu zweit. **AU:** Aufschreiben aller Redewendungen samt Bedeutung auf OB, damit man den Redewendungen-Ordner wieder „füllen" kann. Klasse aufgeteilt in 4 Gruppen:	• AB 26 und 27

5

Es wimmelt von Redewendungen!

Die SuS sammeln Redewendungen und achten auf die genaue Formulierung.

- Sie wissen, dass Redewendungen eine wörtliche und eine übertragene Bedeutung haben.
- Die SuS erweitern ihren Wortschatz mit gebräuchlichen Redewendungen.

Sprachbuch S. 30 und 31
AHG S. 48 und 49 / AHE S. 45/46
AHG S. 50 / AHE S. 47
AHG S. 51 / AHG S. 48

Erklären der HA.

EI: Lösungen der S. 51 im AHG bzw. der S. 48 im AHE und der AB 26 und 27 hängen im Klassenzimmer. Die SuS korrigieren ihre Antworten selbstständig. (Wichtig mit rot korrigieren!) Anschliessend werden Expertengruppen gebildet. SuS mit den wenigsten Fehlern der jeweiligen AB/AH bilden Experten. (Namen werden auf WT geschrieben) Danach gehen die SuS mit Schwierigkeiten zu den jeweiligen SuS und lassen sich beraten und helfen. Die Experten-SuS erklären die Bedeutung der Redewendungen genau. Die Lehrperson sammelt das AB 26 ein und gibt eine **formative Rückmeldung/Beurteilung** auf die nächste Lektion ab.

ER: Erarbeitung des AB 28 (Grundansprüche) bzw. AB 29 (erweiterte Ansprüche) in EA. Vergleich und Austausch in PA. Vergleich, Austausch und Ergänzung in GA. Lösungen werden anschliessend per Beamer eingeblendet (Korrektur in EA).

AU: In PA üben die SuS Pantomime zu den Redewendungen ein und präsentieren diese dann vor der Klasse. Die Klasse soll die Redewendung erraten.

11

Nr.	Lernziele	Ablauf	Bemerkungen
6 **Redewendungen sammeln** Die SuS sammeln Redewendungen und achten auf die genaue Formulierung.	• Die SuS sammeln Redewendungen zu einem Thema und stellen diese auf einem Plakat vor. • Sie suchen zu einem selbstgewählten Thema möglichst viele Redewendungen.	**EI:** Die Klasse wird in 3 Gruppen geteilt: Gruppe 1: Kontrolle des Sammelordners mit den bisherigen Redewendungen und deren Bedeutungen Gruppe 2: Ergänzen des Sammelordners durch das AB 26 Gruppe 3: Ergänzen des Sammelordners durch das AB 27 Gruppe 4: Ergänzen des Sammelordners durch AB 28 bzw. 29 **ER:** Betrachten der Doppelseite 32/33 im Sprachbuch im P (Nr. 1 und 2). **AU:** Nr. 3 und 4 in PA. Erklären der HA.	• Entscheiden für ein Thema zu den Redewendungen.
7 **Redewendungen sammeln** • Die SuS sammeln Redewendungen zu einem Thema und stellen diese auf einem Plakat vor. • Sie suchen zu einem selbstgewählten Thema möglichst viele Redewendungen. • Sie gestalten mit ihren Redewendungen ein Plakat.	• Die SuS fassen Redewendungen zu einem Thema zusammen und sortieren diese.	**EI:** Sammeln der verschiedenen Themen auf der WT. **ER:** SuS haben Zeit an ihren Plakaten (A2-oder A3-Format) zu arbeiten und zu recherchieren. Hilfsmittel: alle AB und Aufgaben im AH und Sprachbuch, Internet, Sammelordner, etc. **AU:** Jede Gruppe sagt, wie weit sie gekommen ist und ob sie Unterstützung braucht.	• Eventuell in Zeitschriften und Büchern nach Redewendungen zum gegebenen Thema suchen.
8 **Redewendungen sammeln** • Die SuS sammeln Redewendungen zu einem Thema und stellen diese auf einem Plakat vor. • Sie suchen zu einem selbstgewählten Thema möglichst viele Redewendungen. • Sie gestalten mit ihren Redewendungen ein Plakat.	• Die SuS setzen die verschiedenen Redewendungen zu einem Thema in Beziehung und ordnen sie ein.	**EI:** LP gibt bekannt, dass dies die letzte Lektion ist, an der sie noch Zeit haben, an ihrem Plakat zu arbeiten. **ER:** Weiterarbeit am Plakat. **AU:** Fragen klären.	• Plakat beenden

9	Sie erweitern ihren Wortschatz mit gebräuchlichen Redewendungen.	**EI:** Die SuS präsentieren ihr Plakat vor der Klasse. Die anderen SuS geben ihnen ein Feedback. Die 2er Gruppen werden jeweils von einer anderen 2er Gruppe beurteilt und von der Lehrperson. Dabei richtet sich das Feedback auf die Checkliste Plakatgestaltung aus dem Sprachbuch auf S. 33. **(Formative Beurteilung)**	• (evtl. für die summative Evaluation lernen)
Redewendungen sammeln		**ER:** Die neuen Redewendungen werden auf ein Ordnerblatt geschrieben und im Sammelordner abgelegt.	
• Die SuS sammeln Redewendungen zu einem Thema und stellen diese auf einem Plakat vor.		**AU:** Aufhängen der Plakate im Schulhauskorridor.	
• Sie legen sich eine Liste mit Redewendungen an.			

10	In der 10. Lektion findet die summative Evaluation zum Thema Redewendungen statt. Genauere Erläuterungen sind in der didaktischen Analyse anzutreffen.		
Summative Evaluation			

11	In der 11. Lektion wird die summative Evaluation zurückgegeben. Gemeinsam wird die Lernkontrolle besprochen. Bei individuellen Fragen, nimmt sich die Lehrperson Zeit, diese zu beantworten. Eine Korrektur der Evaluation wird auch in dieser Lektion gemacht. Des Weiteren haben die SuS auch Zeit in den Ordner neue Redewendungen einzutragen.		
Rückgabe der summativen Evaluation und Besprechung			

Modul 3
Redewendungen

PH Bern
Herbstsemester 2015

12

Redewendungen mal kreativ! (evtl. Zeitpuffer)

Die abschliessende Lektion dieser Unterrichtssequenz bildet eine kreative Phase. In dieser können die SuS Redewendungssprachspiele oder –gedichte entwerfen. Anderseits kann diese Lektion auch als Zeitpuffer genutzt werden.

5. Literaturverzeichnis

Bönsch, M. (2002). *Unterrichtsmethoden – kreativ und vielfältig. Basiswissen Pädagogik. Unterrichtskonzepte und –techniken.* Baltmannsweiler: Schneider Verlag Hohengehren GmbH.

Grunder, H.-U., Ruthemann, U., Scherer, S., Singer, P., & Vettiger, H. (2012). *Unterricht. verstehen - planen - gestalten - auswerten.* Baltmannsweiler: Schneider Verlag Hohengehren GmbH.

Klafki, W. (1969). *Didaktische Analyse.* Weinheim/Basel.

Lindauer T., & Senn, W. (2013). *Die Sprachstarken 7.* Klett und Balmer Verlag: Baar.

Möller, K. (2010). *Lernen von Naturwissenschaften heisst Konzepte verändern.* Bern: Haupt.

6. Anhang Mindmap

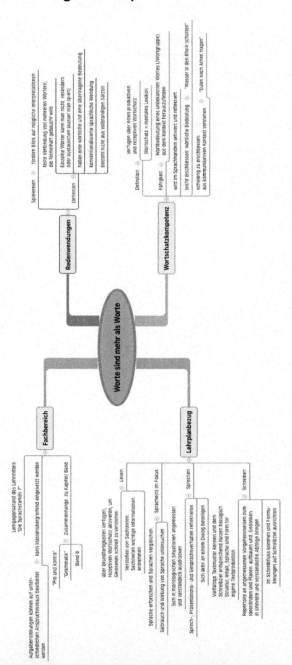

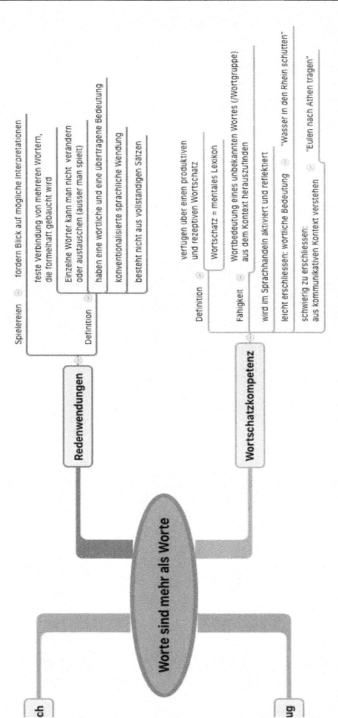

Worte sind mehr als Worte

Redenwendungen

- Spielereien — fordern Blick auf mögliche Interpretationen
- Definition
  - feste Verbindung von mehreren Wörtern, die formelhaft gebraucht wird
  - Einzelne Wörter kann man nicht verändern oder austauschen (ausser man spielt)
  - haben eine wörtliche und eine übertragene Bedeutung
  - konventionalisierte sprachliche Wendung
  - besteht nicht aus vollständigen Sätzen

Wortschatzkompetenz

- Definition
  - verfügen über einen produktiven und rezeptiven Wortschatz
  - Wortschatz = mentales Lexikon
- Fähigkeit
  - Wortbedeutung eines unbekannten Wortes (/Wortgruppe) aus dem Kontext herauszufinden
  - wird im Sprachhandeln aktiviert und reflektiert
  - leicht erschliessen: wörtliche Bedeutung — "Wasser in den Rhein schütten"
  - schwierig zu erschliessen: aus kommunikativen Kontext verstehen — "Eulen nach Athen tragen"

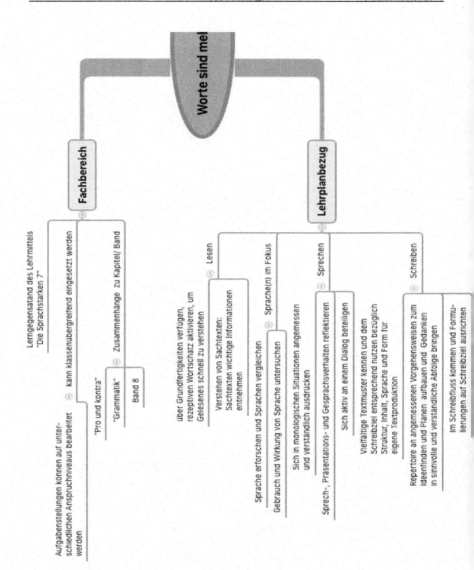